Walter Jakoby

Eigen und sinnig

AF237106

Walter Jakoby

Eigen und sinnig

Gedankenblitze
aus heiterem Hirn

Bibliografische Information der Deutschen Nationalbibliothek:
Die Deutsche Nationalbibliothek verzeichnet diese
Publikation in der Deutschen Nationalbibliografie; detaillierte
bibliografische Daten sind im Internet über http://dnb.dnb.de
abrufbar.

Herstellung und Verlag:
BoD – Books on Demand, Norderstedt

ISBN: 978-3752812992

Die nie machen,
was sie wollen,
werden nie wissen,
was sie können.

Wer entscheiden will,
muss unterscheiden können.

Rückschläge
sind Ratschläge
der Realität.

Das Glück kommt zu denen,
die auf es zugehen.

Alleinsein
ist die Gelegenheit der Begegnung
mit sich selbst.

Kompromissbereitschaft heißt,
aufeinander zuzugehen
anstatt aufeinander loszugehen.

Frieden kriegt,
wer ihn gibt.

Unsere Erkenntnisse
sind Ergebnisse
unserer Erwartungen.

Äste und Zweige beugen sich dem Sturm,
damit der Baum ihm standhält.

Rhythmus ist noch keine Musik,
aber ohne Rhythmus
ist Musik nur Geräusch.

Nicht alles,
was sich jemand ausdachte,
ist auch zu Ende gedacht.

Die Zeit arbeitet nur für die,
die ihr dafür auch Zeit lassen.

Wer Charakter hat,
handelt danach,
wer nicht,
redet darüber.

Viele sind weise
~
auf ihre Weise.

Die es gut mit uns meinen,
wollen nur unser Bestes,
die anderen auch.

Atheisten sind Menschen,
die man mit frommen Sprüchen
auf die Psalme bringen kann.

Das Kostbarste ist kostenlos.

Glück fallt uns oft zu,
aber selten auf.

Wollen kann die Hölle sein,
Lassen der Himmel.

Wer sich dem Wind nicht stellt,
wird dem Sturm nicht standhalten.

Beim Streit um's Erbe
geht einigen
der geschenkte Gaul durch.

Alleine
ist eine Ehe nicht auszuhalten.

Eine Beziehung,
deren Vorzeichen wechselt,
wird zur Bedrückung.

Auch was wir planlos tun,
wird zur Methode,
wenn wir es oft genug tun.

Bevor man gegen etwas ankämpft,
sollte man dagegen andenken.

„Liebe deinen Nächsten
und schröpfe deinen Vorigen"
~
denkt so manches Weib.

Demokratie
gründet auf der fragwürdigen Vermutung,
dass die Gescheiten in der Mehrheit sind.

Wahre Sprüche
sind Widersprüche.

Die Strapazen der Arbeit
werden oft
von den Strapazen der Freizeit
übertroffen.

Kunst entsteht,
wenn das Schöne das Nötige ergänzt.

In einem faktenleeren Raum
breiten sich Falschinformationen
mit Gerüchtgeschwindigkeit aus.

Teuflische Mittel
entheiligen jeden Zweck.

Wer glaubt,
dass mehr Konsum zufrieden macht,
glaubt auch,
dass man von mehr Alkohol
wieder nüchtern wird.

Besser eine Kerze sein,
als der Abglanz einer Fackel.

Gute Musiker spielen auf,
schlechte spielen sich auf.

Ehrlich währt am längsten,
wirkt aber verdammt langsam.

Unverzeihlicher
als unwissende Tätigkeit
ist wissende Untätigkeit.

Übereifrige helfen wie die Feuerwehr
~
sie fluten,
was die Flammen verschonen.

Alt zu sein wäre erträglich,
wenn man wüsste,
dass es dabei bliebe.

Wer nichts weiß, glaubt alles;
wer an nichts glaubt, zweifelt an allem;
wer nichts bezweifelt, glaubt alles zu wissen.

Tabuthemen sind die Tretminen jeder Beziehung.

Wissen liefert die Steine,
der Glaube den Mörtel.

Die Gewissheit des Todes
ist nur auszuhalten
wegen der Ungewissheit des Termins.

Je heiliger die Versprechen,
desto teuflischer das Verhalten.

Lautstärke
ist Ausdruck von
Denkschwäche.

Wer im Streit die Haltung verliert,
hat keine gehabt.

Lieber fast genau, als genau falsch.

Toleranz heißt,
andere Ansichten gelten zu lassen,
ohne die eigenen zu verraten.

Leeres Leben
braucht vollen Kalender.

Glühende Liebe
wärmt länger
als flammende Leidenschaft.

Keiner Krankheit kann man davonlaufen,
aber man kann manche Krankheit weg laufen.

Im All ist manche Sonne,
im Alltag manches Sonntägliche zu entdecken.

"Geld stinkt nicht"
sagt, wer stinkreich ist.

Klügere geben nach,
aber nicht auf.

Statistiken
sind die Märchen der Mathematiker.

Man sollte wahrnehmen,
wenn andere sich falsch geben.

Schreie und man hört dich,
flüstere und man hört dir zu.

Wörter und Rede
sind wie Wasser und Suppe:
mehr davon macht sie nur dünner.

Die Kunst des Erfolgs
besteht eher darin,
Gelegenheiten zu ergreifen,
als sie zu erzwingen.

Wer sein Ziel nicht kennt,
wird nicht bemerken,
wenn er es erreicht.

Entscheiden wollen viele,
verantworten nur wenige.

Konsum weckt die Bedürfnisse,
die er zu stillen verspricht.

Viele Politiker glauben zu agieren,
wo sie doch nur agitieren.

Gewöhnung
ist für viele Leiden der einzige Lichtblick.

Dem Leben fehlt der Knopf zum zappen,
wenn einem das Programm nicht passt.

Schmeichler verfehlen oft das treffende Wort
~
Beleidiger nie.

Wer sich schnell zufrieden gibt,
wird selten zufrieden sein.

Loslassen ist der Beginn der Gelassenheit,
Geduld ihre Vollendung.

Umfragen sind die Horoskope
der Demoskopen.

Pragmatismus heißt,
etwas, das keine guten Seiten hat,
die beste abzugewinnen.

Das Leben ist zu kurz für Langeweile.

Schlechte Redner sind Feuer,
die qualmen, aber nicht brennen.

Niemand mit Verstand
will mit dem Kopf durch die Wand.

Wer immer wieder andere täuscht,
täuscht am Ende auch sich selbst

Mitleid hilft selten,
Selbstmitleid nie.

Rosige Aussichten
sind oft Vorboten
dorniger Einsichten.

Einen Wunsch fromm zu nennen,
heißt ihn zu begraben.

Nur wer seine Schwächen kennt,
kann seine Stärken erkennen.

Sorge dich nicht,
ob andere gut von dir denken,
sondern gib ihnen Grund dazu.

Dauerhafte Zufriedenheit
scheint für die Evolution des Menschen
kein notwendiges Konzept zu sein.

Nur wer immer kriecht,
wird niemals stolpern.

Werbung setzt uns Flöhe ins Ohr,
die wir dann dauernd husten hören.

Nichts ist so gerecht verteilt wie die Zeit:
alle haben 24 Stunden pro Tag.

Viele Nachrufe
klingen wie Referenzen für's Jenseits.

Auch wenn mir andere am Herzen liegen,
muss ich mich ihnen nicht zu Füssen legen.

Was auf die lange Bank geschoben wird,
fällt am Ende unter den Tisch.

Immer erreichbar zu sein,
heißt, nie etwas zu erreichen.

Lügen kann nur,
wer die Wahrheit kennt.

Sich irren heißt,
die Spreu von der Wahrheit trennen.

Menschen tun vieles,
um wohlhabend zu werden
~
sie tun alles,
um als wohlhabend zu gelten.

Trifft dich ihr Tadel,
schau dir an,
wen sie loben.

Eifersucht ist der Schatten,
den die Leidenschaft wirft.

Damit Texte Zeichen setzen,
braucht man mehr als Punkt und Komma.

Verführen gelingt,
wo Überzeugen scheitert.

Wer anderen blind vertraut,
würde sehend wohl argwöhnisch werden.

Erfolg ist nicht die Summe,
sondern das Produkt von Ideen.

Die angenehmste Form von Sehschwäche
ist die Nachsicht.

Nicht wenige hauen auf die Pauke,
sobald sie die erste Geige spielen dürfen.

Die sich im Leben bemühten,
reich zu werden,
bemühen sich im Alter,
vergessen zu machen,
wie sie es wurden.

Auch Beziehungen
können unter Klimawandel leiden.

Wann werden Nationen Kriege schließen
und den Frieden erklären?

Nur wer aufwacht,
kann aus einem geträumten Leben
einen gelebten Traum machen.

Haben oder Sein?
Tun!

Weise haben einfache Antworten
für schwierige Fragen
~
Narren auch.

Eitle Chefs fühlen sich als Vorgesetzte,
wo sie doch Vorangehende sein sollten.

Bei Kopflosen zieht man nur Nieten.

Wir bemerken erst dann,
dass uns etwas fehlt,
wenn wir sehen,
dass andere es haben.

Unsere Ansichten
sind seltener das Ergebnis unserer Einsichten
als unserer Absichten.

Die alles sagen,
was sie wissen,
wissen nicht,
was sie tun.

Lyrik ist die Kunst,
sich auf das, was man nicht versteht,
einen Reim zu machen.

Gott gab uns Zeit
und wir machen Termine.

Wann werden Glaubenskrieger Friedensgeber?

Normalität ist die Kuriosität,
an die man sich gewöhnt hat.

Geizhälse nehmen alles leicht,
nur das Geben fällt Ihnen schwer.

Nichts tun zu müssen ist eine Wohltat,
nichts tun zu dürfen eine Qual.

Irren ist menschlich
~
darüber lachen können göttlich.

Von ihrer Weltanschauung
sind die am meisten überzeugt,
die die Welt am wenigsten angeschaut haben.

Gegen den Wind kann man segeln,
aber nicht gegen den Sturm.

Schwarmintelligenz ist bei Tieren oft zu finden,
–
Schwarmdummheit nur bei Menschen.

Ideologien:
betonierte Ideen.

Von der Muse geküsst
fühlen sich viele,
von ihr geschwängert
werden die wenigsten

Wer nie Enttäuschungen erlebt,
muss immer mit seinen Täuschungen leben.

Die es noch einmal wissen wollen,
sind die gleichen,
die es nachher schon immer gewusst haben.

Auch ein Blick
kann mehr als tausend Worte sagen.

Eine Halbwahrheit
ist eine verkleidete Dreiviertellüge.

Berühmt sind einige,
bedeutend die wenigsten.

Nur Ignoranten glauben,
eine Gelegenheit am Schopf zu packen,
wenn sie sie an den Haaren herbeiziehen.

Vorsicht lehrt,
sich für geringer zu halten, als man ist,
Rücksicht,
sich für geringer zu geben, als man sich hält.

Wer "Früher war alles besser" sagt,
meint: "Früher war ich jünger."

Das größte Unrecht
ist das Vorrecht.

Lieber das Leben ergreifen,
bevor man erwägt,
es sich zu nehmen.

Gut gekleidete Lügen
werden freundlicher empfangen,
als Wahrheiten,
die nackt durch die Welt laufen.

Sarkasmus
ist der Fallschirm der Frustrierten.

Vertrauen ist wie Porzellan
~
einmal gebrochen kann man es reparieren,
aber nicht mehr restaurieren.

Schlechte Lösungen führen oft,
falsche Aufgaben immer zum Scheitern.

Wer seine Werte dem Erfolg opfert,
dem wird sein Erfolg wertlos sein.

Rennen werden öfter in den Kurven entschieden,
als auf den Geraden.

Ein gütiger Mensch vollbringt leise,
was ein Gutmensch lauthals fordert.

Tüchtige Ärzte bemühen sich,
dass ihre Patienten nicht sterben,
geschäftstüchtige,
dass sie nicht ganz gesund werden.

Mode fällt auf,
Stil gefällt.

Es gibt kein Dilemma,
dass nicht durch Dilettanten
zu einem Desaster gemacht werden könnte.

Gute Redner können dich zu Tränen rühren
–
schlechte auch.

Wer vor dem Wagnis betet,
flucht danach.

Viele wollen nach Rom
und finden Italien nicht.

Nicht jeder, der die Backen aufbläst,
ist auch ein guter Trompeter.

Wir sehen unsere Welt,
wie wir sie sehen wollen
und stellen sie dar,
wie andere sie sehen sollen.

Eine Beziehungskrise
ist eine Ungleichung mit zwei Bekannten.

Besser miteinander streiten,
als gegeneinander kämpfen.

Einander zu verstehen setzt Zuhören voraus.

Auch im Alleinsein
kann man mit dem All eins sein.

Verrückt ist,
wer glaubt, andere verbessern zu können,
verloren,
wer es nicht bei sich selbst versucht.

Den Mund aufmachen sollte nur,
wer seine Zunge im Zaum halten kann.

Im Überfluss
ist Verzicht der wahre Luxus.

Künstliche Intelligenz ist programmierbar
~
künstlicher Verstand nicht.

Ignoranz
will nicht wahrhaben,
was sie wahrnimmt.

Ein guter Lehrer
ist zuerst Mensch
und dann Lehrer.

Heuchler glauben,
ihre Sünden zu beichten,
sei schon eine Tugend.

Wer den Kopf hängen lässt,
dem geraten die Gedanken aus dem Lot.

Nur Falschspieler
haben immer noch ein Ass im Ärmel.

Viele lassen sich gehen,
wenn sie es sich gut gehen lassen.

Eigensinn tut etwas, obwohl,
Starrsinn, weil es der Mehrheit widerspricht.

Für viele steht "ich"
im Zentrum von "wichtig".

Gelobt wird das Versuchen,
belohnt nur das Erreichen.

Egoisten
sind berechnender als ihre Computer.

Wer uns ständig in den Ohren liegt,
liegt uns bald auch schwer im Magen.

Pessimisten sind Menschen,
denen gute Laune
nicht in den Gram passt.

Auch Geld hat Aggregatzustände:
Festgeld wird flüssig gemacht,
bevor es sich verflüchtigt.

Das Dilemma unserer Regierungen:
Die Regie führen andere.

Phantasie ist ein Spiegel,
der uns zeigt, wie es sein könnte.

Wenn es beim Kurzschluss zweier Herzen funkt,
aber nicht funktioniert,
ist es eine Affäre.

Man sollte immer für eine Überraschung,
aber nie für eine Enttäuschung gut sein.

Spontan kann nur sein,
wer lange genug übt.

Wer seine Stärken kennt,
kann sich zu seinen Schwächen bekennen.

Die Zeit läuft stets denen davon,
die keine haben.

Ein Tropfen Zweifel
kann ein Fass Vertrauen vergiften.

Auch eine Staatsmisere:
Regierungen, die nur reagieren.

Klugheit heißt nicht,
keine Fehler zu machen,
sondern keine Fehler zu wiederholen.

Zweifel sind die Dornen der rosigen Zeiten.

Am leichtesten urteilen wir über das,
was wir nicht zu entscheiden haben.

Als Riesen
fühlen sich die größten der Zwerge.

Das Leiden am Zuviel
hat das Leiden am Zuwenig abgelöst
~
nun fehlt nur noch,
die Freude am Genug zu lernen.

Für die einen ist das Leben ein Fluss,
in dem man treibt,
für die anderen ein Weg,
den man geht.

Wenn die Mehrheit entscheidet,
dominiert das Mittelmaß.

Frauen verlassen Männer,
weil sie von ihnen genug
oder mit ihnen nicht genug haben.

Zusammenfinden ist ein Glück,
Zusammenleben ein Geschenk,
Zusammenbleiben eine Gnade.

Was uns andere unter die Nase reiben,
brauchen wir uns nicht
hinter die Ohren zu schreiben.

Griesgrame sind Leute,
die den falschen Hals nicht voll kriegen.

Auf dem Weg zur Sologamie:
viele lieben nur noch sich selbst.

Besser mit dem Kopf durch die Wand,
als ohne ihn.

Das Internet ist ein trüber Teich:
Man angelt nach Karpfen
und fischt Kröten heraus.

Keine Verständigung ohne Verständnis,
kein Verständnis ohne Verstand.

Das schwächste
ist das wichtigste Glied einer Kette.

Konsum sehen viele als Therapie
für die Krankheit,
die er verursacht hat.

Die einen freuen sich,
andere erwarten, dass es sie freut.

Wer immer nur schwarz sieht,
wird blind für den roten Faden.

Was ohne Sorgfalt begonnen,
wird mit Sorgenfalten enden.

Viele verurteilen,
was sie nicht beurteilen können.

Sich erinnern ist Rudern
gegen den Strom des Vergessens.

Führung ist die Fähigkeit,
fest hinter einer Sache zu stehen
und dabei energisch voranzugehen.

Das Fliegen erlernt man nicht,
indem man sich mit fremden Federn schmückt.

Auch geflügelte Worte
kommen oft zu Fuß daher.

Echte Dankbarkeit
verzichtet auf Anzahlungen
für künftige Gefälligkeiten.

Auf Hilfe zählen zu können,
hilft mehr,
als sie in Anspruch zu nehmen.

"Eigentlich"
setzt sich immer zwischen zwei Stühle.

Moderne Politik ist ein Film
mit Darstellern und Statisten,
aber ohne Drehbuch und Regie.

Viele glauben berühmt zu sein
und sind doch nur bekannt.

Wer sich schwierigen Fakten verweigert,
ist empfänglich für einfache Lügen.

Der Schein trügt,
aber der Geldschein blendet.

Verstand unterscheidet,
Verständnis verbindet.

Jeder hofft auf's Jenseits,
aber keiner hat's eilig.

Müßiggang mag aller Laster Anfang sein,
aber Muße ist die Quelle guter Gedanken.

Gute Ratschläge
sind das Echo schwerer Rückschläge.

Es gibt keine Aufgabe,
die nicht durch Bildung einer Arbeitsgruppe
zu einem Problem gemacht werden könnte.

Glück ist kein Zustand,
sondern ein Ereignis.

Wer seine Fehler unverhohlen bekennt,
hat aufgegeben, sie abzulegen.

Geniales Geschäftsmodell der Religionen:
Regelmäßige Ratenzahlungen im Diesseits,
Lieferung avisiert im Jenseits.

Kleider machen Leute,
aber keine Fachleute.

Die nie sagen,
was sie denken,
werden bald glauben,
was sie sagen.

Was unter den Tisch fällt,
endet oft unter dem Teppich.

Menschen irren sich
~
mit Computern
sogar auf neun Nachkommastellen genau.

Chancengleichheit heiß nicht,
dass alle werden können, was sie wollen,
sondern dass sie werden dürfen, was sie können.

Politiker halten vor der Wahl Reden,
damit sie danach etwas zu sagen haben.

Wo Denker deuten,
können Pedanten nur deuteln.

Im Schuh ist auch ein Edelstein
nur ein Stein.

Wer ohne Demut ist,
lädt zur Demütigung ein.

"Gute Freunde" halten zu dir,
solange es dir gut geht.

Anstelle von Gedanken
werden heute #Hashtags @usgetauscht :)

Manche Chefs glauben zu führen,
wenn sie sich aufführen.

Wer mit der Mode geht,
hinkt gutem Geschmack hinterher.

In der Vergangenheit kann man schwelgen,
von der Zukunft träumen,
aber genießen kann man nur die Gegenwart.

Die dauernd die Messer wetzen,
geben als erste den Löffel ab.

Der Mut der Ängstlichen wächst quadratisch
mit der Entfernung von der Gefahr.

Hilfe darf leuchten,
aber nicht blenden.

Jesus wurde zweimal verraten:
von Judas als Mensch,
von der Kirche als Denker.

Wer soll denen helfen,
die sich selbst nicht helfen?

Wer im Kleinsten nicht das Ganze erkennt,
erkennt in allem nichts.

Kunst beginnt,
wo Können das Müssen übersteigt.

Wir werden als Kopie geschaffen
und dürfen uns zum Original entwickeln.

Optimisten
wollen die Welt verändern, obwohl,
Fanatiker,
weil sie sie nicht verstehen.

Zeige dein Können und man schaut auf dich,
teile dein Wissen und man schaut zu dir auf.

Ganz groß raus zu kommen,
scheitert vor allem daran,
nicht ganz klein anzufangen.

Das Leben ist kompliziert,
weil wir nicht verstehen,
einfach zu leben.

"Vielleicht" sagt,
wer "Nein" meint
und es wie "Ja" klingen lassen will.

Fremdenfeindlichkeit
ist oft nur Fremdenfremdlichkeit.

Das Leben ist der Sturm vor der Ruhe.

Wir wissen:
die Erde dreht sich um die Sonne,
wir wollen:
die Welt dreht sich um unser Ego.

Eine Misere unserer Zeit:
zu viel McDonald's
und zu wenig MacBeth.

Gelassen sein kann nur,
wer gelassen wird.

Die Kirche steht noch im Dorf,
aber das Dorf nicht mehr zur Kirche.

Wer schlecht träumt,
hat sich mit dem falschen Fuß hingelegt.

Komparative Kompetenz:
wissen,
alles wissen,
alles besser wissen.

Jede Begegnung
kann der Keim der Zuneigung sein.

Am ehesten geraten sich die in die Haare,
die sie auf den Zähnen haben.

Strafverteidiger sind Menschen,
die ihren Lebensunterhalt damit bestreiten,
die Schuld ihrer Mandanten zu bestreiten.

Stille stellt keine Fragen,
sie hält Antworten bereit.

Sonnige Gemüter
sind nur dann tauglich,
wenn sie auch wasserfest sind.

Wer gerne mal aufs Ganze geht,
dem geht auch gerne mal das Ganze drauf.

Soll eine Sache zur Sprache kommen,
muss auch die Sprache zur Sache kommen.

Lehrer strafen uns, wenn wir lügen
~
das Leben, wenn wir die Wahrheit sagen.

Alles wird schnelllebiger:
Lebensweisheit wird Lebensabschnittsweisheit.

Die Pflege mancher Krankheit
bliebe uns erspart,
wenn wir unsere Gesundheit
pfleglicher behandelten.

Stimmt die Chemie einer Beziehung nicht,
hilft auch eine intakte Biologie nicht weiter.

Wer Haltung annimmt,
wird Halt erlangen.

Gott plante Engel und schuf Menschen.

Skeptisch zu sein,
heißt zweifeln
ohne zu verzweifeln.

Liebe deinen Nächsten, gebietet Gott
~
es sei denn, ergänzt die Kirche,
er gehört zu den anderen.

Wünsche füllen ein ganzes Buch,
Bedürfnisse nur ein halbes Blatt.

Was nützt ein Vermögen,
wenn man es nicht zu nutzen vermag.

Für tiefe Gefühle
halten manche ihre niederen Instinkten.

Wer sich über andere lustig macht,
übersieht,
wie er sich selbst lächerlich macht.

Sorge dich nicht, dass das Leben zu früh endet,
sorge dafür, dass es nicht zu spät beginnt.

Suppenesser sind friedfertig:
noch nie hat jemand die Löffel gewetzt.

Der sicherste Weg,
nicht mehr arbeiten zu müssen,
ist gerne arbeiten zu wollen.

Es geht uns immer dann schlecht,
wenn wir es uns zu oft gut gehen lassen.

Not legt Charaktere blank.

Hobbymaler sind Künstler,
die im Rahmen ihrer Möglichkeiten bleiben.

Lieber eine Handvoll Hilfe,
als zehn Zungen voller Mitleid.

Keine Null,
die sich nicht als die bessere Eins fühlt.

Wer nicht rot wird beim Lügen,
wird blass bei der Wahrheit.

Während wir das Glück verfolgen,
verkennen wir, dass es uns begegnet.

Vor allem Strohköpfe
sind Feuer und Flamme für geistige Brandstifter.

Es gibt "Vögel",
die weder säen noch ernten,
sondern erwarten,
dass alles ans Nest gebracht wird.

Ent-Sorge,
was du nicht ändern kannst.

Agiere mit Vorsicht
und reagiere mit Nachsicht.

Klimaleugner halten das CO_2-Problem
für völlig aus der Luft gegriffen.

Wer nicht loslässt,
wird verlieren,
was er festhält.

Freiheit heißt nicht,
alles wollen zu dürfen,
sondern nichts sollen zu müssen.

Über wichtige Entscheidungen
muss man eine Nacht nicht schlafen.

Schlechte Ehen
sind oft das Ergebnis
guter Partien.

Der Kopf sagt, was,
das Herz, wie man gibt.

Ohne Phantasie
ist die Realität unvorstellbar.

Was für ein Hinterhalt:
Äpfel verbieten und dann
mit einer nackten Frau dafür Werbung machen.

Die sich über alles aufregen,
sind die gleichen,
die sich für nichts bewegen.

Der Teufel ist der Schatten,
den wir im Lichte Gottes werfen.

Wörter, die im falschen Hals landen,
stoßen sauer auf.

Nichts steigert morgigen Genuss mehr
als heutiger Verzicht.

Am leichtesten sind Geistlose zu begeistern.

Journalisten sind Menschen,
die beim Versuch,
aus Mücken Elefanten zu machen,
Enten produzieren.

Die kapitalsten Böcke
werden an der Börse geschossen.

Statt etwas vom Leben zu fordern,
sollte man sich im Leben fordern.

Wer sich vornimmt,
keine Fehler mehr zu machen,
hat schon den nächsten begangen.

Gott hinterließ zwei Testamente
–
seitdem wird um's Erbe gestritten.

Ein Feuer,
das den Stahl nicht schmilzt,
härtet ihn.

Viele glauben, ihr Gesicht zu verlieren ~
wo sie doch nur ihr wahres Gesicht zeigen.

Die Stecknadel suchen,
aber den Heuhaufen nicht finden.

Werbung lässt als kostbar erscheinen,
was nur kostspielig ist.

Nicht jeder,
der auf die Pauke haut,
hat auch Taktgefühl.

Bescheidenheit heißt nicht,
offensichtliche Stärken mühevoll zu verbergen,
sondern unbemerkte verborgen zu lassen.

Wer glaubt,
die Welt verbessern zu können,
muss verrückt sein
und feige,
wer es nicht versucht.

Gewissen Gesetzen
muss man sein Gewissen entgegensetzen.

Der Triumph von heute,
sät die Blamage von morgen.

Was als Rückhalt erscheint,
könnte sich als Hinterhalt entpuppen.

Kürzer treten kann Fortschritt sein.

Aberglauben endet, wo Wissen beginnt,
aber Glauben beginnt, wo Wissen endet.

Wer Koinzidenz für Kausalität hält,
glaubt auch,
dass Daumendrücken Lottokugeln lenkt.

Bangen ist der Zustand
zwischen Entscheiden und Bedauern.

Unser Bemühen, sorgenfrei zu werden,
sorgt dafür, dass wir es nie sind.

Die gute Fee von heute,
würde uns von Wünschen befreien,
statt sie uns zu erfüllen.

Forscher:
Versessen aufs Verstehen.

Don Quichotte kämpfte früher gegen Windmühlen
und heute für Windräder.

Lieber ein Werk vollenden,
als acht anzufangen.

Vergessen
ist die kleine Schwester vom Verzeihen.

Eine Wahrheit währt,
bis die Wirklichkeit wirkt.

Gemeinsam sehen zwei Augen Tiefe,
wo für jedes alleine nur Flachheit ist.

Viele würden auch
an ihrer geistigen Fitness arbeiten,
wenn das Hirn ein sichtbarer Muskel wäre.

Auch Parlamentarier
drücken sich nicht immer gewählt aus.

Wer fliegen will,
muss landen lernen.

Die nur das hören,
was sie gerne hören,
werden nie das wissen,
was sie wissen müssen.

Wer seinen Schwerpunkt
nicht in seinem Inneren hat,
fällt bei jedem Gegenwind um.

Harmonie heißt nicht,
im Gleichschritt zu gehen,
sondern im gleichen Rhythmus zu tanzen.

Wer Rat braucht und niemanden fragt,
ist stur,
wer alle fragt ist ein Narr,
aber glücklich ist, wer weiß, wen er fragen kann.

Was aufs Tapet gehört,
wird nicht selten unter den Teppich gekehrt

Der weise Alte wurde mittlerweile
zum alten weißen Mann degradiert.

Nachdenkliche bilden sich ein Urteil,
voreilige fällen es.

Ausdauer beweist man erst dann,
wenn die Sache aussichtslos erscheint.

Es gibt keinen Tag,
dem man nicht durch penible Planung
jede Freude nehmen könnte.

Geradlinigkeit ist eine Tugend
~
außer auf kurvigen Wegen.

Was wahr scheint,
ist oft nur wahrscheinlich.

Feste Überzeugungen
sind der Ersatz schwacher Argumente.

Nicht alle die Reden halten,
halten auch ihr Wort.

Sich eine Meinung zu bilden,
setzt Bildung voraus.

Arrogante Gäste benehmen sich so,
dass der Ober von ihnen bedient ist.

Krisen sind Schmiedefeuer,
die den Charakter formen.

Die Suche ist oft schöner,
als das, was man findet.

Auch der Mensch
ist ein Experiment der Natur.

Prinzipien sind Regenschirme
ohne Bespannung.

Wissenschaft will Chaos
in Ordnung bringen.

Listige geben nur vorgeblich nach.

Wer für etwas be-stimmt wurde,
sollte auch seine Stimme dafür erheben.

Stümper des Handwerks
sind Meister des Mundwerks.

Am meisten rümpfen die ihre Nase,
die sie überall reinstecken.

Unendlich schön kann nur sein,
was endlich ist.

Eitelkeit tut alles,
um Beifall zu bekommen
und nichts,
um ihn zu verdienen.

Die einen behandeln Fremde
als wären sie Feinde,
die anderen,
als könnten sie Freunde werden.

Sich eine Meinung zu bilden
und sich eine Meinung zuzulegen
ist ein Unterschied
wie Kochen und Dosen öffnen.

Die drei Affen von heute:
alles checken,
alles posten,
alles liken.

Wer keinen Charakter hat,
sollte sich wenigstens Manieren zulegen.

Überfluss bringt Überdruss.

Glück heißt hoffen, dass es so bleibt
und wissen, dass es vergeht.

Die weniger leisten, als sie können,
sind die gleichen, die sich mehr gönnen,
als sie sich leisten können.

Phrasen sind die Feigenblätter derer,
die keine eigene Meinung zum Anziehen haben.

Geld verdirbt nicht den Charakter,
es entblößt ihn.

Alkoholiker sind Menschen,
die das Trinken aufzugeben
für eine Schnapsidee halten.

Das Selbstbewusstsein ist bei denen am größten,
die sich ihres Selbsts am wenigsten bewusst sind.

Beten besinnt,
Fluchen befreit.

Wer den Rat verschmäht,
wird den Trost schätzen.

Keine Verständigung ohne Verstand.

Politisch korrektes Sprechen
ist wie grammatikalisch fehlerfreies Lügen.

Wahrer Erfolg besteht nicht darin,
andere zu besiegen,
sondern sie für sich zu gewinnen.

Auch Sprechstunden
unterliegen der Schweigepflicht.

Die größten Pfeifen tönen am lautesten.

Wer sein Gedächtnis,
aber nicht seinen Verstand trainiert,
ist wie ein Müller, der zwar Körner,
aber keine Mühle hat.

Werbung weckt den Wunsch,
uns dort zu kratzen,
wo es nicht juckt.

Freundlichkeit heißt,
auf Menschen zuzugehen,
ohne ihnen hinterher zu laufen.

Die Auflösung der Vaterländer
ist eher zu verschmerzen,
als die Erosion der Muttererde.

Standpunkte sind Stationen der Gedankengänge.

Um die Ergebnisse unseres Tuns
wäre es besser bestellt,
wenn die Denker öfter aus sich heraus
und die Macher gelegentlich in sich gehen würden.

In einer glücklichen Beziehung
sind beide voneinander,
aber nicht aneinander gefesselt.

Sein Schicksal mit Humor zu ertragen ist schwierig,
aber ohne ihn ist es aussichtslos.

Wir suchen die Information
und folgen doch der Sensation.

Der gesunde Menschenverstand
hustet manchmal ganz erbärmlich.

Zu glauben, die Lehren der Vergangenheit
zur Vorhersage der Zukunft nutzen zu können,
ist genauso falsch, wie zu glauben
sie nicht zur Vorsorge nutzen zu müssen.

Weniger unser Wissen
als unser Wollen
prägt unser Wirken.

Die Börse ist ein Bahnhof,
bei dem die Durchsagen
erst nach der Abfahrt kommen.

Als Wähler
kann man es sich nicht erlauben,
wählerisch zu sein.

Was wir für wertvoll halten,
ist oft nur kostspielig.

Ein Sieg ohne Kampf
ist nur ein halber Erfolg,
eine Niederlage ohne Gegenwehr
ist doppeltes Scheitern.

Einen sechsten Sinn wünschen sich vor allem die,
die schon mit den ersten fünf überfordert sind.

Enormes Selbstbewusstsein
ist der Quotient
von viel Selbst und wenig Bewusstsein.

Die größten Löcher haben die größte Klappe
–
auch in der Musik.

Geduld hält aus,
Ausdauer hält durch.

Gepanschte Lügen
schmecken vielen besser,
als reine Wahrheiten.

Um unsere Lebensqualität wäre es besser bestellt,
wenn wir für sie sorgten,
statt uns um sie zu sorgen.

Optimismus heißt nicht,
blind für Risiken,
sondern offen für Chancen zu sein.

Man braucht nicht nur Verstand,
man muss auch verstehen,
ihn zu gebrauchen.

Ideale werden mit Linealen gezeichnet
~
das Leben malt frei Hand.

Jeder Misserfolg
könnte sich als Pyrrhusniederlage erweisen.

Nur die für erfolgreich zu halten,
die durch den Erfolg reich wurden,
ist ein Irrtum, der viele Erfolge verhindert.

Nicht in der Besten aller Welten zu leben,
sollte niemanden daran hindern,
das Beste daraus zu machen.

Fehler sind strenge Lehrer.

Ein Verbot ist der Versuch,
Schlaglöcher zu beseitigen,
durch das Aufstellen
von Geschwindigkeitsbegrenzungen.

Fortschritt ist ein Automodell
mit Gaspedal,
aber ohne Bremse und Lenkrad.

Wo der Intellekt versagt,
ist Intuition gefragt.

Unsere Bereitschaft,
das Gegenteil dessen zu tun,
was wir für richtig halten,
wird nur übertroffen vom Bestreben,
das Falsche zu rechtfertigen.

Nichts erzeugt mehr Leere,
als Überfluss.

Nur Kopflose meinen,
sich behaupten zu müssen.

Eine Pumpe haben alle,
aber nicht jeder hat Herz.

Das Wollen sollte dem Können voraus sein,
aber immer in Sichtweite bleiben.

Verantwortung und Freiheit
sind Kiel und Segel
des Lebens.

Gesund ist,
wem alles schmeckt, was er isst,
gesund bleibt,
wer nicht alles isst, was ihm schmeckt.

Aus Fehlern kann man auf drei Arten lernen:
aus eigenen durch Nachdenken,
aus fremden durch Mitdenken,
aus ungemachten durch Vordenken.

Künstliche Intelligenz macht enorme Fortschritte
–
natürliche Dummheit bleibt ihr dicht auf den Fersen.

Frömmigkeit heißt nicht,
die Beichte abzulegen
und die Sünde zu behalten.

Aphorismen sind Gedankenkeime:
Früchte gereifter
und Wurzeln neuer Gedanken.

Beim Konsens werden alle gleich satt,
beim Kompromiss bleiben alle gleich hungrig.

Was sie sich nicht befehlen lassen,
tun manche sofort,
sobald es ihnen verboten wird.

Wer vom Ehestand spricht, verkennt,
dass die Ehe ein gemeinsam zu gehender Weg ist.

Einem Dummkopf
tiefschürfende Gedanken zu erklären,
ist genauso schwer,
wie einem Glatzkopf
haarsträubende Geschichten zu erzählen.

Eine Mode wird unmodern,
sobald die Mehrheit sie modern findet.

Erfahrung ist das, was wir erleben,
und nicht, was wir erfahren.

Tinnitus wird erträglich,
wenn man ihn als Nachhall
des Urknalls deutet.

Die beste Ablenkung von einem Problem
ist die Hinwendung zu einem anderen.

Viele Zeitgenossen sind wie die Zeiger der Uhr:
die am meisten rotieren,
sind am wenigsten wichtig.

Als schön gilt nur,
wessen Mühen, schön zu scheinen,
nicht sichtbar sind.

Die es "noch einmal wissen wollen",
hatten genug Gelegenheit,
es längst wissen zu können.

Man schätzt erst dann, was man hat,
wenn man fürchtet, es zu verlieren.

Viele Worte zu verlieren,
ist ein untauglicher Weg,
um die Wahrheit zu finden.

Sorge dafür,
dass sich ändert,
was dir Sorgen macht.

Was wir heute tun,
um die gestrigen Fehler zu beseitigen,
bereitet die morgigen vor.

Die nur das glauben,
was sie sehen,
werden nie erfahren,
was sie fühlen.

Selbstverliebte haben keine Nebenbuhler.

Der Wunsch, Recht zu haben,
ist oft größer,
als der Wille, das Richtige zu finden.

Phantasie ist eine Rebe,
die nur Laub trägt,
wenn sie nicht beschnitten wird.

Wanderer: Wie besessen vom Gehen.

Nichts ist für ein gutes Gewissen so dienlich,
wie ein schlechtes Gedächtnis.

Gerade in Gesprächsrunden
kann man anecken.

Manche erleichtert es,
sich beschweren zu können.

Gelegentlich sollte Angedachtes
auch ausgedacht werden.

Auch Meister zahlen zuweilen Lehrgeld.

Zu gähnen halten einige für geeignet,
um in einem Gespräch
den Mund aufzumachen.

Wer keine Haltung hat,
sucht Halt in Posen.

Argumentation ist der Versuch,
die fehlende Qualität der Argumente
durch deren Menge zu ersetzen.

Wer umgänglich sein möchte,
darf nicht umständlich sein.

Viele übernehmen sich
beim Versuch andere zu überholen.

Wer tut,
was er nicht kann,
hat keinen Verstand;
wer nicht tut,
was er kann,
hat kein Herz.

Manche glauben
den Nagel auf den Kopf zu treffen,
wenn sie andere vor den Kopf stoßen.

Eine feste Meinung
ist ein untauglicher Ersatz
für eine solide Bildung.

Heute ist das Morgen,
um das du dir gestern Sorgen machtest.

"Es sich gut gehen lassen"
ist nicht weit von
"sich gehen lassen."

Lügen haben kurze Beine,
aber einen langen Atem.

Wer sich die Zeit vertreibt,
sollte nicht klagen,
das Leben sei zu kurz.

Das Sprachbild der Geschlechter
erkennt man an dem,
was wir herrlich und was wir dämlich nennen.

Denker denen die Worte fehlen,
sind eher zu ertragen,
als Redner denen die Gedanken fehlen.

Selbstbewusstsein ist die Kunst,
den Kopf zu heben,
ohne die Nase hoch zu tragen.

Nicht aufzugeben
ist die vielleicht größte aller Aufgaben.

Vergötterte Kinder wachsen zu Teufeln heran.

Frauen die heiraten,
um den Mann nach ihren Vorstellungen zu formen,
lassen sich scheiden,
wenn er konform geworden ist.

Wenn Köpfe rauchen,
lodert nicht immer das Feuer der Gedanken
~
nasses Holz qualmt am meisten.

Ein dickes Fell
ist ein schwacher Ersatz
für fehlendes Rückgrat.

Viele Pillen werden vergebens geschluckt ~
eine Kuh wird auch nicht schöner,
wenn sie Blumen frisst.

Für andere die Hand ins Feuer zu legen
heißt,
für sie die Kastanien heraus zu holen.

Wir wissen nicht wohin,
aber Hauptsache, wir kommen schnell hin.

Es genügt nicht,
etwas vom Leben zu erwarten,
es gilt, es zu erstreben.

Nachsicht mit anderen findet dort ihre Grenze,
wo deren Rücksicht fehlt.

Kritisiere das Werk,
aber nicht den Werker.

Nicht alle, die einen Beruf haben,
sind auch dazu berufen.

Ein Krieg ohne Schüsse
ist noch lange kein Frieden.

Selten sind es die großen Leuchten,
die andere hinters Licht führen wollen.

Mit der Politik ist es ein Kreuz,
egal wo wir es machen.

Urlaubstage dürfen im Sande verlaufen.

Wo Stärke scheitert,
siegt die Ausdauer.

Gute Lehrer
können Kompliziertes einfach erklären
~
die anderen machen es umgekehrt.

Wo Faustregeln walten,
kann sich kein Fingerspitzengefühl halten.

Gegenwart ist der Moment,
in dem Erwartung
zu Erfahrung wird.

Stolz heißt,
nicht nach jedem Knochen zu schnappen
und nicht vor jedem Knüppel zu ducken.

Es ist kaum zu glauben,
was Leute so alles glauben.

Die Zeit vergeht im Alter nicht schneller,
man kommt ihr nur nicht mehr so gut hinterher.

Eine neue Erkenntnis ist ein kleiner Stern
in den dunklen Weiten des Unwissens.

Die Wahrheit schadet nie denen, die sie hören,
aber zuweilen denen, die sie aussprechen.

Reden hilft in Krisen nicht immer,
aber Schweigen macht sie noch schlimmer.

Der letzte hat sich schon oft
nur als vorletzter Wille erwiesen.

Manche leisten nicht das, was sie können,
aber sie leisten sich das,
was sie sich nicht leisten können.

Vererbte Vermögen
treffen oft auf das Unvermögen der Erben
es zu bewahren.

Hinter unangenehme Erfahrungen
gehört ein Punkt gemacht,
wie hinter jeden vollständigen Satz.

Nicht jeder,
der anderen die Flötentöne beibringen will,
braucht dafür ein Instrument.

Hammer oder Amboß sein?
Egal, bloß nicht das Eisen!

Wer ohne Punkt und Komma redet,
kann auch keine Zeichen setzen.

Unser Bemühen, Zeit zu sparen,
hindert uns, Zeit zu haben.

Die Kunst der Führung
besteht im Leiten,
nicht im Treiben.

Die Schule lehrt das ABC
~
D bis Z kommt dann im Leben dran.

Nie ist es schwerer sich zu vertragen,
als an einer Reihe von Familienfeiertagen.

Zufrieden zu sein,
ist nicht mehr en woke.

Schwierige Paare sind wie Primzahlen
~
sie kommen auf keinen gemeinsamen Nenner.

Das Internet ist ein Datenhaufen,
in dem wir Informationsnadeln suchen.

Schönheit ist nicht immer wahr,
Wahrheit nicht immer schön.

Der rote Faden der Weltgeschichte
stellt sich als Spur aus Blut heraus.

Sensationslust ist ein Feuer,
das ständig Nachschub braucht.

Wer immer obenauf sein will, ist bald unten durch.

Vorreiter müssen ertragen,
als Außenseiter zu gelten.

Nur Angeber wollen immer den Ton angeben.

Kapitalisten: besessen vom Besitzen

Wer nie nach Gefühl entscheidet
hat kein Herz,
wer immer nach Gefühl entscheidet
keinen Verstand.

Nie wird sein Wort halten,
wer seinen Mund nicht halten kann.

Raue Wahrheiten
sind unbequemer
als glatte Lügen.

Wir planen Geraden,
aber das Leben macht Kurven.

Am edelsten ist die Hilfe,
die unsichtbar wirkt.

Warum hast du nichts gesagt,
wenn du schon immer dachtest;
warum hast du nichts getan,
wenn du immer schon sagtest?

Großmut heißt,
weniger für sich zu beanspruchen,
als man anderen zugesteht.

Aphorismen
sind Aussprüche
mit Anspruch.

Wenn es hinten und vorne nicht reicht,
kann ein Schritt zur Seite der Ausweg sein.

Ein dickes Fell,
ist ein guter Schutz,
wenn andere versuchen,
es uns über die Ohren zu ziehen.

Die Bürden des Alltags sind eher mit Humor,
als mit Würde zu tragen.

Die Furcht vor einem Unglück
ist leichter zu ertragen,
wenn man sein Bestes getan hat,
um es zu verhindern.

Kleider machen Leute
~
eine Rose ist auch nur
eine gut gekleidete Hagebutte.

Wer glaubt,
dass Schönheitsoperationen attraktiver machen,
glaubt auch,
dass Weisheitszähne den Verstand schärfen.

Rückschläge und Erfolge
meistert man am besten,
indem man sie als Prüfung
für den eigenen Charakter annimmt.

Zweifeln heißt,
Fragen für die Antworten des Lebens
zu suchen.

Sich über Unrecht aufzuregen,
macht weniger Mühe,
als sich für Recht zu regen.

Manche fürchten,
ihr Gesicht zu verlieren,
wo doch nur die Maske fällt.

"Das kann ja heiter werden" heißt es,
wenn es richtig ernst wird.

Die seltsame Vorliebe für schlechte Nachrichten
gleicht der kindlichen Faszination
für schaurige Märchen.

Seine Stimme abzugeben kann doch nicht heißen,
bis zur nächsten Wahl zu schweigen:
Mein Votum gebe ich gerne ab,
aber doch nicht meine Stimme.

Widersacher sollte man nicht dadurch adeln,
dass man sie zu Feinden erhebt.

Wie Kinder benehmen sich Erwachsene,
die als Kinder wie Erwachsene behandelt wurden.

Leichter als tun
ist tun als ob.

Ein Problem zu lösen,
das man durch Nichtstun verursacht hat,
heißt, ein Feuer zu löschen,
das man selbst gelegt hat.

Berater sind Menschen,
die versprechen, uns unter die Arme zu greifen
und dabei in unserer Brieftasche landen.

Zerreden ist nicht Silber,
Verschweigen nicht Gold.

Die immer tun,
was sie sollen,
wissen nicht,
was sie wollen.

Übertrifft das Wollen
des Autors Können,
treibt der Stil Blüten,
aber keine Früchte.

Innige Liebe verbindet ohne zu binden.

Veränderungen
mögen wir dann,
wenn sie versprechen,
dass für uns
alles so bleibt
wie es ist.

„Eigen und sinnig – Gedankenblitze aus heiterem Hirn"
ist die zweite Aphorismen-Sammlung nach
„Später beginnt heute – Gedankensprünge in kurzen Sätzen"
Verlag BoD, 2017, ISBN: 978-374 484 1009

Vielfach zitierte „Gedankensprünge":

„Anfangen ist einfach,
Durchhalten mühsam,
Vollenden eine Kunst."

„Träume sind Blüten,
Erfahrungen Früchte des Lebens."

„Verantwortung kann nicht geteilt,
aber gemeinsam getragen werden."

„Man kann nie neu anfangen,
aber jederzeit anders weitermachen."

„Zuverlässigkeit heißt nicht,
das zu tun, womit andere rechnen,
sondern das, worauf sie zählen."